AF451900

ULYSSE,

TRAGEDIE,

REPRE'SENTE'E

PAR L'ACADEMIE ROYALE

DE MUSIQUE.

Le vingt-   jour de Janvier 1703.

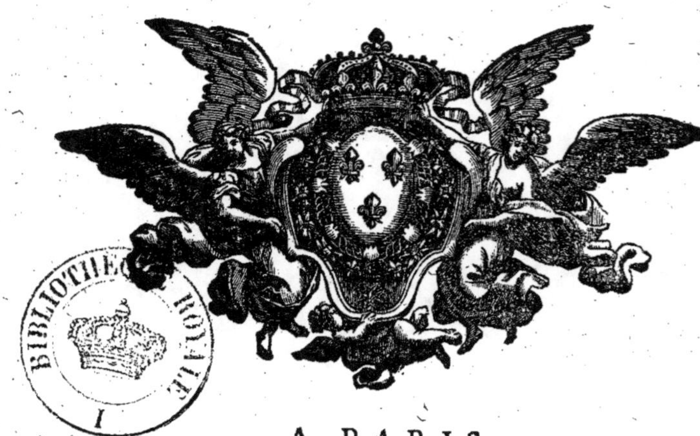

A PARIS,

Chez CHRISTOPHE BALLARD, seul Imprimeur du Roy
pour la Musique, ruë S. Jean de Beauvais, au Mont-Parnasse.

M. DCC. III.

Avec Privilege de Sa Majesté.

LE PRIX EST DE TRENTE SOLS.

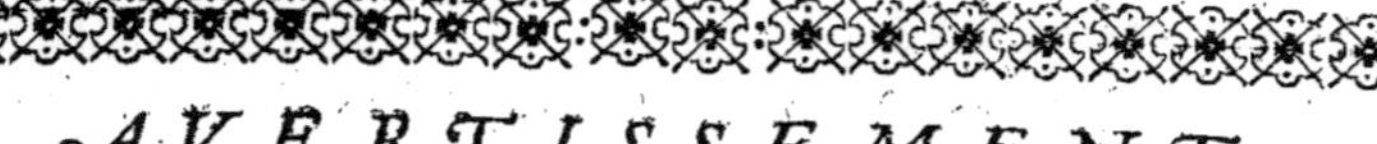

AVERTISSEMENT.

L'Auteur a esté obligé, pour observer l'unité du lieu dans cette Piece, d'établir la Scene dans l'Isle d'Ithaque, & de supprimer ce qui s'est passé dans l'Isle de Circé, entre cette Princesse & Ulysse ; mais il y supplée par des Episodes qui s'y rapportent, & fait trouver Circé dans l'Isle d'Ithaque, où elle prévient Ulysse qui l'avoit quittée, & où elle fait de nouveaux efforts pour l'engager encore.

On n'a pas crû devoir suivre Homere pour le Personnage qu'il fait faire à Ulysse à son retour, ny pour la maniere du combat qu'il luy fait livrer, dans la chaleur du vin, aux Amants, qui pendant son absence avoient obsedé Penelope, ny à l'égard de Telemaque qu'on n'a point mis de ce combat, pour n'y faire qu'une personne de plus ; on l'a reservé pour un Episode qui a paru donner un plus beau jeu : Le Public en jugera.

PERSONNAGES DU PROLOGUE.

ORPHE'E,   Monsieur Cochereau.
LA SEYNE,   Mademoiselle Clement.
UN SAUVAGE,   Monsieur Thevenard.
AUTRE SAUVAGE,   Monsieur Desvoyes.

Troupe de *SAUVAGES*, de *SATYRES*, de *FAUNES*, & de *SYLVAINS*.

Troupe de *NYMPHES* de la Seyne, de *BERGERS*, & de *BERGERES*.

UNE BERGERE,   Mademoiselle Cochereau.
DEUX BERGERES,   Mesdemoiselles Dupérey,
  & Loignon.   a ij

Noms des Personnages, chantants dans tous les Chœurs.
du Prologue & de la Tragedie.

SECOND RANG.   PREMIER RANG.

MESDEMOISELLES.

Cenet.	Dhumé.	Clement, la cad.	Cochereau.
Baffet.	Lalleman.	Loignon.	Vincent.
Dupéray.		Bataille.	

MESSIEURS.

Gaudechaut.	Ricourt.	Jolain.	Le Févre.
Le Jeune.	Solé.	Labé.	Benac.
Prunier.	La Cofte.	Defvoix.	Lavernet.
Frere.	Cadot.	Le Brun.	Lebel.
Courteil.	Marianval.	Mantienne.	Derot.
Pellefrene.		Bertrand.	

DIVERTISSEMENT
du Prologue.

FAUNES.
Monfieur Dumoulin Cadet.
Meffieurs Ferrand, Blondy, Lévefque, Dangeville l'aîné,
Brinqueman, & Fauvau.
UN BERGER, & UNE BERGERE.
Monfieur Dumoulin l'aîné, & Mademoifelle Dangeville.
NYMPHES.
Mefdemoifelles Victoire, Rofe, Defmatins, Laferriere,
& Guillet.
Le petit Lafelle, & la petite Provoft.

PROLOGUE.

Le Théatre reprefente une Forêt agréable , où parroiffent plufieurs Arbres ifolez ; Orphée vient en rêveur vers le milieu de l'ouverture , & va s'affeoir fur un gazon un peu élevé au pied du principal arbre. Là il prepare fa Lire , & l'ouverture finie , on entend quelques mefures d'une Symphonie tendre, qui precéde le premier Recit qu'il chante.

SCENE PREMIERE.

ORPHE'E, LA SEYNE, SES NYMPHES, BERGERS, BERGERES, FAUNES, & SYLVAINS.

ORPHE'E.

Arbres épais , charmant ombrage
Reconnoiffez Orphée ? ... Et vous heureux rivage,
Si ma voix a pour vous encor quelques attraits
Faites naître un brillant Palais
Pour un Heros auffi vaillant que fage.

Pendant la Symphonie , qui suit ce recit, le Palais s'éleve
insensiblement ; & Orphée apostrophe les Rochers.

Rochers sensibles à mes larmes
Chers confidents de mes tristes soûpirs ,
Je ne viens point vous dire mes allarmes
Sous un regne si plein de charmes ;
Et vos échos & vos Zephirs
Rediront tour à tour l'excez de mes plaisirs.

Au troisiéme vers de ce recit, des NYMPHES, des SATYRES,
& des FAUNES, se tiennent en admiration sous les arbres de la
Forêt. Les Oiseaux, les Animaux sauvages viennent entourer
Orphée, & semblent l'écouter attentivement. Une Symphonie
seule succéde ; Orphée parle aussi à la Déesse des Fleurs.

Aimable Flore ,
Accordez à mes doux accents ,
Que sous les pas du Heros que j'adore ,
Chaque jour un nouveau Printemps
Seme les fleurs que vous ferez éclorre.

Pendant la Symphonie, les Animaux rustiques font place à un Par-
terre de fleurs, au milieu duquel se trouve Orphée, jettant les
yeux sur une Urne, de laquelle on voit couler de l'eau ; il adresse
son discours à la Seyne.

Nymphe, qui presidez au courant de ces eaux ,
Qu'il vous est doux d'entendre leur murmure ?
Il n'est qu'elles dans la nature ,
Qui coulent dans un plein repos.

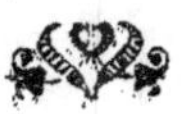

                                    SCENE

SCENE SECONDE.

LA SEYNE, charmée de cette voix, sort toute surprise; ses
NYMPHES paroissent avec elle, & tous les FAUNES & SATYRES,
qui étoient restez sous les arbres, s'avancent tout à fait sur le
Théatre, qui reste également decoré.

LA SEYNE.

Quelle Divinité vient s'offrir à nos yeux ?....

à sa SUITE.

*Orphée.........Ah ! quel bonheur dans l'ar-
deur qui nous presse ?*

à ORPHE'E.

*Celebre Chantre de la Grece,
Vous, qui charmez les Hommes & les Dieux,
Daignez faire honneur à nos jeux:
Le Heros de la Seyne est l'objet de nos festes.*

ORPHE'E.

*Charmé de son grand cœur, surpris de ses conquêtes,
Le bonheur de le voir conduit icy mes pas ;
Et dans ces beaux climats,
Dans cet heureux empire,
Je viens luy consacrer & ma voix & ma lire.*

ORPHE'E, & LA SEYNE.

*Formons pour luy d'aimables jeux?
Il écoute nos chants, il a comblé nos vœux.*

LE CHOEUR.

*Formons pour luy d'aimables jeux ?
Il écoute nos chants, il a comblé nos vœux.*

ORPHE'E.

Préparons entre nous une feste nouvelle?
Faunes, Sylvains signalez vôtre Zele?

Divertiſſement de Faunes & de Sylvains.

UN SAUVAGE.

Le ſeul avantage
Qu'ait un cœur ſauvage,
C'eſt la liberté.
La tranquilité
Fait nôtre partage ;
Mais la felicité
Fuit la ſeverité :
Quand un tendre amour nous engage,
Peut-il n'être pas écouté ?
Non, il n'eſt pas de plus dur eſclavage,
Que le devoir & la fierté.

AUTRE SAUVAGE.

Jeunes cœurs, qui n'êtes pas traitables,
Croyez-vous échaper à ſes coups ?
En reſiſtant à des penchants ſi doux,
Vous êtes moins raiſonnables,
Et plus ſauvages que nous.

Divertiſſement des Nymphes, de Bergers & de Bergeres.

UNE NYMPHE.

Peut-on mieux faire
Que de s'enflamer ?
Quand on ſçait plaire,
C'eſt le temps d'aimer :

L'aimable Jeuneſſe
Doit à la tendreſſe
Ses plus doux moments :
L'amour recompenſe
La perſeverance
Des tendres Amants.

On perd pour attendre,
Songeons à nous rendre ;
Que ſert la rigueur ?
Qui prend une chaîne,
S'épargne la peine
De garder ſon cœur.

UN BERGER.

Vous, qui craignez ſes traits,
Venez dans nos charmants bocages ;
Vous qui craignez ſes traits,
Vous ne vous en plaindrez jamais :
L'Amour dans vos Palais
Vous fait ſentir ſes ravages ;
Il ne peut y vivre en paix :
Ses rigueurs,
Ses douleurs
Y ſeront vôtre partage :
Ses douceurs,
Ses faveurs
Préviennent icy nos cœurs.

CHOEUR.

Portons nos voix jusques aux cieux?
Celebrons la gloire eclatante?
Chantons la valeur triomphante?
D'un Roy toûjours victorieux.

ORPHE'E.

Changeons nos jeux, en de plus nobles festes?
La sagesse est l'appuy de toutes ses conquêtes;
Par tout elle prévient les pas de ce Heros;
Ulysse eut l'avantage
De l'avoir en partage;
Chantons ses glorieux travaux.

Fin du Prologue.

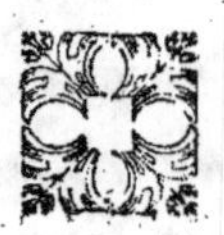

A C T E U R S
DE LA TRAGEDIE.

RILAS, Roy, *Amant de Penelope.* Mr Hardoüin.

CIRCE', *Princeſſe Magicienne, Fille du Soleil, & Reine des Sarmates.* Mademoiſ. Deſmâtins.

EUPHROSINE, *Confidente de Circé.* Madem. Clement.

PENELOPE, *Reine d'Itaque.* Mademoiſelle Maupin.

CEPHALIE, *Confidente de Penelope.* Madem. Lalleman.

Troupe de Genies de Circé, ſous la forme de Jeux & de Plaiſirs.

JUNON. Mademoiſelle Loignon.

Troupe de Lutins & de Furies.

ULYSSE, *Roy d'Itaque.* Monſieur Thevenard.

EURILOQUE, *Confident d'Ulyſſe.* Mr Chopelet.

Troupe de Grecs, compagnons d'Ulyſſe.

Troupe de Furies, ſous la forme de Tritons & de Nereydes.

Troupe de Nymphes de la Cour de Circé.

UNE NYMPHE, Mademoiſelle Clement Cad.

MERCURE. Monſieur Boutelou.

Troupe de Demoms.

Troupe de Vents.

Chœur de Grecs combattants, du party d'Ulyſſe.

Chœur de Combattants du party contraire.

Troupe de Grecs victorieux.

Troupe de Suivants d'Ulyſſe & de Penelope.

Troupe d'Eſclaves de Penelope.

TELEMAQUE. Monſieur Cochereau.

PALLAS. Mademoiſelle Dhumé.

DIVERTISSEMENTS
de la Tragedie.

PREMIER ACTE.

GENIES, sous la forme de Jeux & de Plaisirs.

Messieurs Dumirail, Germain, Bouteville, & Dumoulin C.

Mademoiselle de Subligny.

Mesdemoiselles, Dangeville, Victoire, Rose, & Desmâtins.

DEUXIE'ME ACTE.

DEMONS.

Monsieur Blondy.

Messieurs Germain, Dumoulin l'aîné, Lévesque,
Fauveau, Dangeville l'aîné, Dangeville C.
Dumay & Laselle.

TROISIE'ME ACTE.

TRITONS.

Monsieur Balon.

Messieurs Germain, Dumirail, Bouteville,
Fauveau, Dumoulin l'aîné, &
Dangeville l'aîné.

L'Amour, le petit Dupré.

TROUPE DE NYMPHES.

Mesdemoiselles Victoire, Dangeville, Rose, Desmâtins,
Laferriere & Guillet.

QUATRIE'ME ACTE.

VENTS SOUTERRAINS.

Messieurs Lévesque, Dubreüil, Rose, & Javilliers.

VENTS DE L'AIR.

Messieurs Dangeville cadet, Brinqueman,
Lavigne, & Aubert.

CINQUIÉME ACTE.

GUERRIERS.

Messieurs Dumirail, Germain, Dumoulin l'aîné,
Bouteville, Dumoulin cadet,
& Javilliers.

GUERRIERES.

Mesdemoiselles Victoire, Dangeville, Rose,
& Desmâtins.

ULYSSE

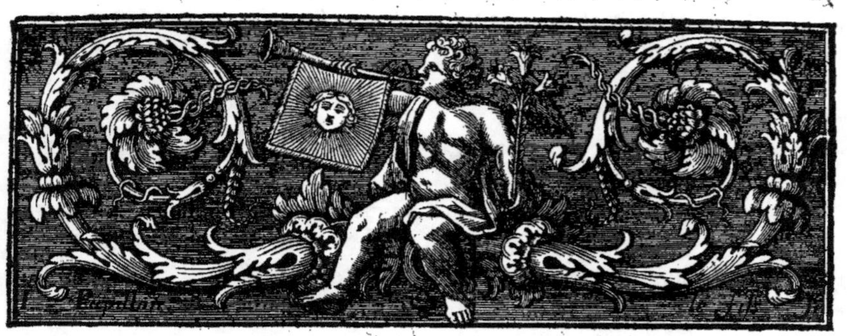

ULYSSE ET PENELOPE,
TRAGEDIE.

ACTE PREMIER.

Le Théatre represente les Jardins du Palais d'ITAQUE.

SCENE PREMIERE.

URILAS.

Ien-ne peut la fléchir ! je pers toute esperance:
　　Hélas ! mes soins sont superflus.
　Aprés tant de mépris, aprés tant de refus,
　　Amour, termine ma souffrance ;
　　　Force sa resistance,
　　Ou fais que je ne l'aime plus.
N'aimer plus Penelope ! Ah ! mon cœur peux-tu suivre
Le dessein qu'un dépit malgré toy veut former ?
Toute ingrate qu'elle est, elle a sçû me charmer :
　　Amour, que je cesse de vivre,
　　Si je ne puis m'en faire aimer.

A

SCENE SECONDE.

CIRCE', EUPHROSINE, URILAS.

CIRCE'.

Urilas, esperez, cette Beauté severe
Ne sera pas toûjours insensible à vos feux :
    Pour les Amants qu'on desespere,
Les charmes de Circé sont des charmes heureux.

URILAS.

    Ah ! Penelope est inflexible,
    Rien ne sçauroit toucher son cœur.

CIRCE'.

    Tout m'obéit, tout m'est possible ;
    Je sçauray domter sa rigueur.

URILAS.

    Quoy ! vous pourriez vanger sa haine ?
    Je verrois sa fierté céder à mon amour ?

CIRCE'.

Laissez-moy seule ; allez, vous verrez l'Inhumaine
    Soûpirer à son tour,
    Avant la fin du jour.

SCENE TROISIEME.

CIRCE', EUPHROSINE.

EUPHROSINE.

PRometre à Penelope un prompt retour d'Ulyſſe,
   Et flatter Urilas de l'eſpoir d'être aimé;
Je ne puis penetrer quel eſt cette artifice.

CIRCE'.

Que ne fait point un cœur par l'Amour animé?
Euphroſine, ce Dieu me ſert icy de guide:
Ulyſſe m'a trahie… Ah! tu l'as vû changer.
    Il revient, le Perfide;
    Je veux le rengager.
Son retour m'eſt connu, Penelope l'ignore;
Je feins pour rapeler cet Ingrat que j'adore,
    D'employer un enchantement;
    Mais je vais m'en ſervir contre-elle;
    Si je puis la rendre infidele,
    L'Amour me rendra mon Amant.

EUPHROSINE.

Des charmes de Circé, qui pourroit ſe défendre?
    Les élements ſuivent ſes loix;
    Quand elle veut ſe faire entendre,
    L'Enfer obéit à ſa voix:
Des charmes de Circé, qui pourroit ſe défendre?

CIRCE'.

De quoy me sert-il, en ce jour,
Pour soulager le tourment que j'endure,
D'asservir toute la Nature,
Si je ne puis vaincre l'Amour?
Il faut faire éclater mon art & ma puissance,
Les Demons engagez, à suivre mes desirs,
Se joindront avec moy, sous la feinte apparence,
Des Jeux & des Plaisirs.

EUPHROSINE.

Penelope paroît, je l'entends qui soûpire.

CIRCE'.

Eloignons-nous pour un moment ;
L'heureux instant que je desire,
Doit répondre bien-tôt à mon empressement.

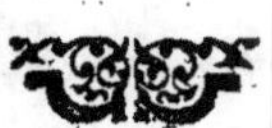

SCENE QUATRIE'ME.

PENELOPE.

SOuffriray-je toûjours les rigueurs de l'abfence ?
 Ulyſſe revenez, hâtez vôtre retour ;
Abandonnez la gloire, en faveur de l'amour,
Venez de mes ennuis calmer la violence,
Penelope vous doit poſſeder à ſon tour.
Mille Amants empreſſez attaquent ma conſtance ;
De leurs ſoins importuns je me plains chaque jour,
Et vous me laiſſez ſans défenſe
Dans ce triſte ſéjour.
Telemaque vous cherche avec impatience ;
Vos Etats en danger veulent vôtre preſence ;
 Ulyſſe revenez, hâtez vôtre retour.

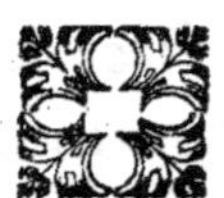

SCENE CINQUIE'ME.
PENELOPE, CEPHALIE.
CEPHALIE.

Quoy, toûjours soûpirer ? faut-il verser des larmes?
Quand Circé vous promet un secours genereux !
Sensible au bruit de vos allarmes,
Elle a quitté sa Cour, & prepare ses charmes,
Pour ce retour heureux.

PENELOPE.

Dieux ! qu'elle tarde à soulager ma peine !
Je céde, Cephalie, au chagrin qui m'entraine :
Elle ne peut trop tôt rendre Ulysse à mes vœux.

CEPHALIE.

Ecoûtez de ces eaux, l'agréable murmure ;
Voyez briller icy les plus aimables fleurs,
De ces jardins charmans, la riante parure,
Ne peut-elle un moment suspendre vos douleurs?

PENELOPE.

Beaux Lieux, vous ne sçauriez me plaire ;
Vous aviez pour moy des appas,
Quand Ulysse suivoit mes pas ;
Vous êtiez les témoins de nôtre ardeur sincere ;
Mais Ulysse est absent, vous ne me l'offrez pas :
Beaux Lieux, vous ne sçauriez me plaire.

à CEPHALIE.

Ne me reproche point ces tendres sentiments ;
Cherche Circé, ma peine augmente.

SCENE SIXIEME.

PENELOPE.

HAtez-vous, bien-heureux moments !
Ah ! satisfaites mon attente ;
Que ma douleur impatiente
Me cause de cruels tourments !
Hâtez-vous, bien-heureux moments !

SCENE SEPTIEME.

CIRCE', EUPHROSINE, PENELOPE, CEPHALIE.

PENELOPE.

HElas ! belle Princesse,
Ne rendrez-vous jamais Ulysse à mes soûpirs ?
Vous me l'avez promis, la pitié vous en presse ;
Ne faites plus languir mes trop justes desirs.

CIRCE'.

Le charme est prêt, & je tiens ma promesse ....
Venez, tendres Plaisirs, avec tous vos appas ;
Venez, aimables Jeux, c'est moy qui vous assemble ;
Unissez-vous ensemble,
Dans ces charmans climats.

Les Génies que Circé a engagez, paroissent sous la forme des Jeux
& des Plaisirs, ils apportent des Corbeilles de Fleurs,
où le charme est renfermé.

SCENE HUITIÉME.

DEUX GENIES, CIRCE', EUPHROSINE, PENELOPE, CEPHALIE.

DEUX GENIES.

L'Amour a des douceurs
Qui raviſſent les cœurs ;
Dans ſes peines,
Sous ſes chaînes
Il ſçait cacher ſes ſecrettes faveurs ;
Il nous fait trouver mille charmes,
Juſques dans les larmes,
Et dans les ſoûpirs.
Les Plaiſirs,
Leur attente,
Ses tendres ſoins , tout enchante,
Tout doit aimer,
Rien n'en exempte,
Laiſſez-vous charmer.

UN GENIE.

Il eſt temps , l'Amour vous appelle,
Vous devez répondre à ſa voix ;
Il défend d'avoir un cœur rebelle,
Et promet de faire un ſecond choix :

Il eſt

TRAGEDIE.

Il est temps, l'Amour vous appelle ;
Vous devez répondre à sa voix ;
Eprouvez une flame nouvelle.
Ah ! qu'il est doux de changer une fois :
Il est temps, l'Amour vous appelle,
Vous devez répondre à sa voix.

PENELOPE.

Plaisirs trop dangereux, venez-vous me surprendre ?
Cessez de séduire mes sens ;
N'allumez point un feu, dont je dois me défendre,
Vos efforts seront impuissants.

CIRCE'.

La défense est vaine,
L'Amour, malgré nous,
Fait sentir ses coups.
Ce Dieu vous enchaîne,
Suivez ses appas,
Son pouvoir entraîne
Qui ne les suit pas.

CHOEUR.

Cédez, Beauté trop severe,
Tout rit, tout cherche à vous plaire,
Rendez-vous,
Rien n'est si doux.

B

L'Amour ne veut point attendre ;
Quand il preſſe, il faut ſe rendre :
Rendez-vous,
Rien n'eſt ſi doux.

PENELOPE.

Ah ! Circé me trahit ! grands Dieux ! quelle injuſtice !
à CIRCE'.

Abuſez-vous ainſi, de ma crédule erreur ?
Vous deviez rappeler Ulyſſe,
Et vous le chaſſez de mon cœur.
Ciel ! ſoyez-moy propice ;
Eteignez une injuſte ardeur.

SCENE NEUVIE'ME.
CIRCE', EUPHROSINE,

CIRCE'.

EN vain ſa vertu ſe ſoûleve,
Hâtons-nous, ſon cœur eſt bleſſé.

Va chercher Urilas ; que ſon reſpect acheve
Ce que l'Amour a commencé.

Fin du Premier Acte.

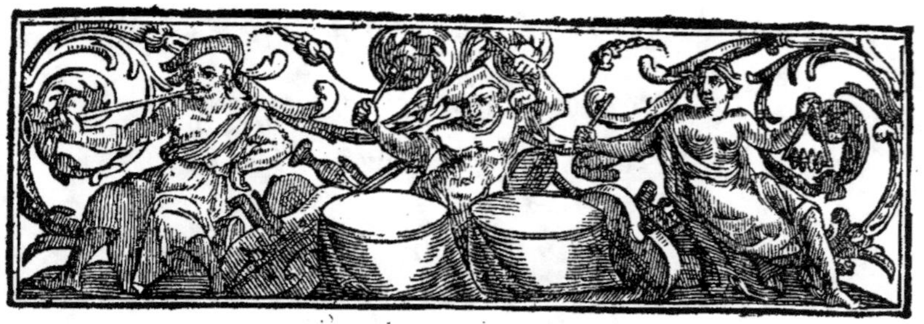

ACTE SECOND.

Le Théatre repreſente une Forêt, voiſine des Jardins du Palais d'Iᴛᴀqᴜᴇ : On y voit des Torrents, qui ſe précipitent entre des Rochers, & un ancien Temple conſacré à Jᴜɴᴏɴ.

SCENE PREMIE'RE.
PENELOPE, CEPHALIE.
PENELOPE.

Ieux écarteᴢ, affreuſe Solitude,
N'écoûteᴢ plus mes indignes regrets ;
Pour terminer une peine trop rude,
Faites ſortir de vos ſombres forêts,
Les Monſtres les plus redoutables :
Sorteᴢ, Monſtres impitoyables,
Paroiſſeᴢ, déchireᴢ ce cœur,
Dont un coûpable amour veut ſe rendre vainqueur.

B ij

CEPHALIE.

Plus un malheur paroît funeste,
Moins on doit écouter ses maux ;
Loin de s'en faire de nouveaux,
Il faut songer à l'espoir qui nous reste.

PENELOPE.

Pour ranimer mes premieres vertus,
Je fais des efforts superflus,
J'appelle Ulyße en vain, son image s'efface,
Un autre dans mon cœur l'attaque, & prend sa place;
Je ne me connois plus.
Le souvenir d'un Fils, à peine encor me touche,
Urilas seul m'occupe.... O Grands Dieux ! Urylas.
Quel nom ! quel affreux nom est sorti de ma bouche?
Terre d'Itaque, ouvre-toy sous mes pas,
Dans le fond des plus noirs Abîmes,
Etouffe pour jamais des feux illegitimes.

CEPHALIE.

Contre un mal, dont on craint le cours,
La vertu se fait mieux connoître :
Le devoir se soûtient toûjours,
Quand il appelle à son secours
La raison qui le rend le maître :
La vertu se fait mieux connoître :
Contre un mal, dont on craint le cours.

PENELOPE.

Eh ! qu'importe à ma gloire ?
Est-elle moins détruite ? hélas !
Par mes lâches douleurs, par mes tristes combats ;
Ma honte est-elle moins presente à ma memoire ?
Ulysse est-il moins outragé ?
Ah ! c'en est trop, il faut qu'il soit vangé.
Je ne dois point survivre au malheur qui m'accable.

CEPHALIE.

Le Ciel vous sera favorable . . . .

Mais, de quels sons harmonieux
Entens-je retentir ces lieux ?

Symphonistes qu'on entend, & qu'on ne voit pas.

URILAS.

Jeunes Zéphirs, cessez de suivre Flore ;
Penelope paroit, volez, empressez vous ;
Portez-luy mes soûpirs : Qu'il doit vous être doux,
De caresser les fleurs, qu'elle va faire éclore ?
Que vôtre sort doit faire de Jaloux !

PENELOPE.

Dieux ! c'est Urilas, il se fait trop entendre,
Fuyons ! Qui pourra me défendre ?
Où chercher du secours ?

CEPHALIE.

Dans ce Temple, Junon offre son assistance ;
Implorez sa puissance ;
Remettez en ses mains, vôtre gloire & vos jours.

Déeße de l'Hymen, vous voyez $\left\{ \begin{array}{c} mes \\ ses \end{array} \right\}$ allarmes,
De $\left\{ \begin{array}{c} mon \\ son \end{array} \right\}$ cœur agité, calmez les mouvements;

Accordez à $\left\{ \begin{array}{c} mes \\ ses \end{array} \right\}$ larmes

La fin de $\left\{ \begin{array}{c} mes \\ ses \end{array} \right\}$ cruels tourments.

CEPHALIE.

Nos vœux sont écoûtez, j'apperçois la Déeße;
Chaßez la douleur qui vous preße,

***

SCENE SECONDE.
JUNON, PENELOPE, CEPHALIE

JUNON.

DEs fideles Epoux je conserve les nœuds,
Et je protege l'innocence;
Recevez mon secours, contre d'injustes feux,
Je le dois à vôtre constance;
Rien ne pourra vous troubler desormais,
Dans vos Murs avec moy, venez en aßûrance,
Venez goûter une innocente paix.

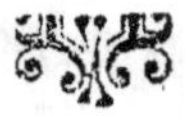

SCENE TROISIEME.

URILAS.

O Ciel ! Junon vient-elle même
M'enlever ce que j'aime ?
Quel coup pour un cœur enflamé !
Ah ! quelle violence !
Si prés du bonheur d'être aimé,
Faut-il en perdre à jamais l'eſperance !
Malheureux Urilas ! ſort cruel ! ſort affreux !
Penelope échape à mes vœux !
Inhumaine Junon ! vous me l'avez ravie ;
Achevez, hâtez-vous de me priver du jour ;
C'eſt un nouveau tourment de me laiſſer la vie,
Aprés m'avoir ôté l'Objet de mon amour.

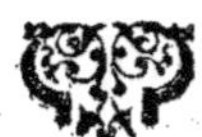

SCENE QUATRIEME.

CIRCE', URILAS, EUPHROSINE

CIRCE'.

URilas, esperez encore;
N'écoûtez point un injuste transport.

URILAS.

Rien ne peut soulager l'ardeur qui me devore,
Je vais l'éteindre par ma mort.

CIRCE'.

Non, non, il faut tout entreprendre.
Allez, assemblez vos Soldats;
Enlevez Penelope, usurpez ses Etats,
Sans Trône, sans appuy, qui pourra la défendre?
C'est l'unique moyen de vaincre sa rigueur.
Forçons, qui ne veut pas se rendre,
Au secours de l'Amour appellons la Fureur.

CIRCE' & URILAS.

Courons, courons à la vangeance,
N'écoûtons que nôtre courroux,
Punissons, qui nous offence,
Vangeons-nous, vangeons-nous.

CIRCE'.

Ne perdez point de temps, allez Prince, armez vous.

SCENE

SCENE CINQUIÉME.
CIRCE', EUPHROSINE.
EUPHROSINE.

APrés ce que Junon à nos yeux vient de faire,
Que peut esperer Urilas ?
CIRCE'.
Qu'importe qu'il espere,
Qu'importe qu'il coure au trépas ;
Mon amour irrité, doit animer ma rage,
Je n'ay plus rien à ménager ;
Malgré les Dieux repoussons cet outrage,
C'est à l'Enfer à me vanger.

Que tout tremble à ma voix ; Sortez noires Furies,
Venez semer icy l'épouvante & l'horreur,
Venez, joignez vos barbaries,
Aux transports de mon cœur.

SCENE SIXIEME.
CIRCE', EUPHROSINE, LES FURIES.
LES FURIES.

SEmons icy l'épouvante & l'horreur,
Joignons nos barbaries,
Aux transports de son cœur.
CIRCE'.
Junon, à mes desseins contraires,
Dérobe Penelope, à ma juste colere :
Détruisez le pouvoir, qui trouble mon bonheur.

C

CHŒUR.

Détruisons le pouvoir, qui trouble son bonheur.

CIRCE'.

Que ce temple abatu, que ces roches brûlantes;
Que ces torrents sechez, & ces plaines fumantes;
Que ces bois embrasez, signalent ma fureur.

Le Chœur répete.

CIRCE'.

Arrêtez, arrêtez : Que vois-je ? qui m'éclaire ?....
Le destin me fait voir Ulysse de retour,
O trop heureux moment ! calmez-vous ma colere,
Ulysse est sur ces bords, faites place à l'Amour.

à EUPHROSINE.

Les Vents ont secondé ma juste impatience.
   Pour me servir, tout est d'intelligence ;
    Il faut prévenir mon Vainqueur ;
Un present enchanté va me rendre son cœur.

AUX FURIES.

  Allez, prenez des formes agréables ;
Empruntez des Tritons, la figure & les traits ;
   Elevez un brillant Palais ;
N'offrez, à ce Héros, que des objets aimables,
Et cachez son retour aux yeux de ses sujets.

LE CHŒUR.

  Allons, c'est Circé qui commande,
  Il n'est point de climats
   Où son art ne s'étende ;
L'Enfer, pour la servir, emprunte des appas.

Fin du second Acte.

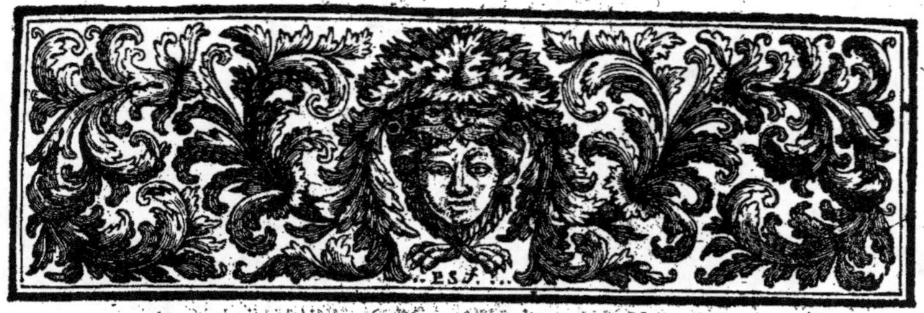

ACTE TROISIE'ME.

Le Théatre represente une Campagne délicieuse,
où l'on voit un Palais enchanté : la Mer & le Port
d'I T A QU E paroissent dans le fonds.

SCENE PREMIERE.

ULYSSE, EURILOQUE,
Et les Compagnons d'ULYSSE.

ULYSSE.

Prés tant de travaux, sur la terre & sur l'onde,
Enfin, je revois mes états,
Le repos est le prix des plus heureux combats,
Jouïssons d'une paix profonde....
Mais tout a changé dans ces lieux,
Je ne reconnois point ce qui s'offre à mes yeux.
D'où vient ce changement ? quel Palais se presente ?
Les bois & les rochers, qui défendoient nos bords,
Sont une campagne charmante,
Où la nature semble épuiser ses tresors.
Me trompay-je, Euriloque ?   C ij

EURILOQUE.

Ah ! mon trouble est extrême,

Seigneur, où sommes-nous ?

ULYSSE.

Pour en être éclaircy ;

Allez, sans être vû, dans Itaque vous-même ;
Observez tout,

à ses Compagnons.

Et vous, laissez-moy seul icy.

SCENE SECONDE.

ULYSSE.

AH ! qu'aprés une longue absence,
    Le moindre retardement
Devient un rigoureux tourment !
Rien ne flatte mon esperance ;
    Je sens en ce moment
Redoubler mon impatience.
Ah ! qu'aprés une longue absence,
    Le moindre retardement,
Devient un rigoureux tourment !

SCENE TROISIE'ME.

Les Furies engagées par CIRCE', paroiſſent ſortir de la
Mer, ſous la forme de Tritons & de Nereïdes,
joüant des Inſtruments.

ULYSSE.

Qu'entens-je? qui s'avance?
Qui forme ces Accords nouveaux?
Je vois ſortir les Dieux du ſein des eaux.

Deux NEREÏDES.

Aimons, aimons tous, c'eſt un doux uſage,
Qu'un cœur inconſtant rallume ſes feux,
Heureux qui s'engage,
Sous de ſi beaux nœuds!
L'Amour ſe vange.
Qui n'aime pas, attire ſon courroux;
Un Ingrat, qui change,
Doit craindre ſes coups;
Il ſçait nous prendre,
Ah! pourquoy s'en défendre?
Aimons, cédons tous,
A ſes traits les plus doux.

ULYSSE.

Non, je ne puis comprendre,
Ce que j'entens, ce que je vois;
Mais, quel objet nouveau vient encor me ſurprendre?
C'eſt Euphroſine, ô Dieux! qui ſe preſente à moy.

SCENE QUATRIE'ME.

ULYSSE, EUPHROSINE.

EUPHROSINE.

Circé, dans vôtre fort, aujourd'huy s'intereſſe,
  Elle prévient icy vos vœux ;
Les Dieux des Eaux, tout à l'envy s'empreſſe,
  Pour celebrer vôtre retour heureux.

ULYSSE.

Euphroſine, eſt-ce vous ! quel deſſein vous amene ?
Circé vient-elle icy, pour augmenter ma peine ?

EUPHROSINE.

Vos jours ſont menacez, vos états en danger,
  Mille Amants, depuis vôtre abſence,
Obſedent Penelope, & veulent l'engager.
    Circé vient vous vanger,
    Malgré vôtre inconſtance ;
  Elle vient armer vôtre bras,
    Du pouvoir de ſes charmes.
  Elle a fait preparer des armes,
Qui porteront par tout, l'horreur & le trépas :
Vous pouvez cependant l'attendre en aſſûrance
  Dans ce Palais, par ſes ſoins êlevé.

ULYSSE.

Qui pourroit l'obliger à prendre ma défenſe ?

EUPHROSINE.

  Je la vois qui s'avance,

ULYSSE, à part.

Grands Dieux ! à quel deſtin m'avez vous reſervé ?

SCENE CINQUIE'ME.

ULYSSE, EUPHROSINE, CIRCE',
suivie de ses Nymphes, l'une desquelles tient
une Epée enchantée.

CIRCE'.

Ce n'est point Ulysse volage,
C'est Ulysse prêt à perir,
Que je viens secourir ;
Et je veux oublier, qu'il m'a fait un outrage.

ULYSSE.

Si j'ay sçû me dégager,
Ne me reprochez pas que je suis infidele.
Un cœur, que le devoir rappelle,
N'est pas coupable pour changer.

CIRCE'.

Le sort de vos états, le soin de vôtre vie,
Contre vos ennemis ont pressé mon secours ;
Je borne toute mon envie,
A conserver vos jours ;
Recevez cette Epée, elle doit vous défendre,
On n'en sçauroit parer les coups ;
Vôtre infidelité pouvoit-elle prétendre,
Ingrat, ce que je fais pour vous ?

ULYSSE, ayant pris l'Epée enchantée.

Quel éclat imprévû ? quelle grace nouvelle ?
Frappent mes yeux, & surprennent mon cœur ;
Je vois briller la pompe la plus belle,
Je me sens enflamé de la plus vive ardeur.

Qu'il m'est doux, charmante Princeße,
De me soûmettre à vos appas,
Je vous rends toute ma tendreße;
Ah! puis-je vous revoir, & ne vous aimer pas!

CIRCE'.

Que vôtre cœur n'est-il sincere!
Le mien est trop tendre aujourd'huy;
Lorsqu'un Ingrat a sçû nous plaire,
Qu'aisément on revient à luy?

ULYSSE.

Je suis le penchant qui m'entraîne,
J'y trouve de nouveaux attraits;
Qui pourroit désormais,
Briser une si douce chaîne?
Belle Circé, je vous promets,
De ne me dégager jamais.

CIRCE'.

Que cet aveu me plaît! qu'il m'est doux de l'entendre!
Vous me flattez de m'aimer constamment;
Sur la foy d'un nouveau serment,
Mon cœur veut bien encore se rendre.

ENSEMBLE.

L'Amour nous réünit, par les nœuds les plus doux,
Brûlons du feu qu'il renouvelle,
Cachons, aux yeux jaloux,
Une flame si belle;
Vivez, pour moy, je veux vivre pour vous.

CIRCE'.

CIRCE,
Que tout ce qui me suit dans nos vœux s'interesse :
Chantez, Nymphes, chantez, appellez les Amours,
Ils regnent dans ces lieux ; qu'ils y regnent toûjours ;
Que les Ris & Jeux, se presentent sans cesse ;
Chantez, Nymphes, chantez, appellez les Amours.

CHŒUR DE NYMPHES.
Venez, Amours, dans ces retraittes,
Répandez les douceurs que l'on sent en aimant,
Tout plaît, où vous êtes,
Sans vous rien n'est charmant ;
On ne peut trop goûter le plaisir que vous faites.

EUPHROSINE.
Tout parle d'amour,
Dans ce beau séjour.

CHŒUR DE NYMPHES.
Celebrons sa gloire,
Chantons sa victoire,
Tout parle d'amour,
Dans ce beau séjour.

EUPHROSINE.
Un cœur qu'il ramene,
S'épargne la peine,
Des premiers soûpirs ;
Et sent dans sa chaine
De nouveaux plaisirs.

LE CHŒUR
Tout parle d'amour :
Dans ce beau séjour.

UNE NYMPHE.

Quand il offre de si belles chaînes,
Pourquoy ne pas suivre ses desirs ?
En resistant, on n'a que des peines,
En le suivant, on n'a que des plaisirs.

GRAND CHOEUR.

Belle Circé, brillante Reine,
L'amour est soûmis à vos loix,
Vos yeux font aimer vôtre chaine,
Ils ont charmé les plus grands Rois.

SCENE SIXIE'ME.

CIRCE', ULYSSE.

CIRCE'.

CEs lieux n'ont plus assez de charmes ;
Mon Isle aura pour nous mille agréments nouveaux,
Abandonnons Itaque à ses tristes allarmes ;
Un séjour plus heureux, nous offre un doux repos.

CIRCE'.

Partons, je vais tout preparer.
Entrez dans ce Palais, où vous pouvez m'attendre ;
Reposez-vous sur moy, des soins qu'il faudra prendre,
Rien ne doit plus nous separer.

Fin du Troisiéme Acte.

ACTE QUATRIEME.

Le Palais enchanté s'ouvre & laisse voir un magnifique
Salon, où les triomphes de l'Amour sont dépeints.

SCENE PREMIERE.

ULYSSE, EURILOQUE.

EURILOQUE.

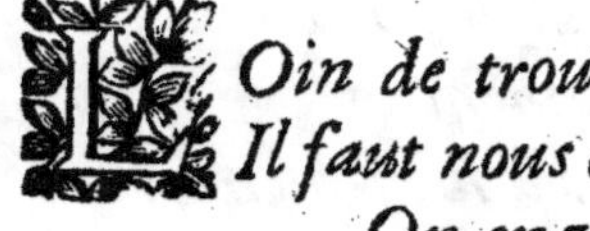

Oin de trouver icy la fin de nos travaux,
Il faut nous disposer à des combats nouveaux ;
   On en veut à vôtre Couronne.
Circé, qui l'auroit crû ? se fait voir en ces lieux ;
   Tout ce qui nous étonne,
   N'est qu'un effet de son art odieux.

ULYSSE.

Cesse d'être surpris : Elle vient nous défendre ;
Ses soins ont prévenu mes vœux, & mon retour ;
   Qu'un cœur reconnoissant & tendre,
   Se défend mal contre l'amour !

D ij

EURILOQUE.

O Dieux! vous l'avez vûë, & vous l'aimez encore,
Que je plains vôtre sort : Ah! que je le déplore;
        Mais de quel fer vous vois-je armé?

ULYSSE.

        Ce fer est l'heureux gage
De la nouvelle ardeur, dont je suis enflamé.

EURILOQUE.

        Ce present vous outrage,
        Il est indigne d'un vainqueur;
N'êtes vous plus Ulysse? & les armes d'Achile,
Dont tous les Rois des Grecs, vous ont fait possesseur;
Ne sont-elles pour vous qu'un trophée inutile?
Je reconnois Circé, dans ce gage trompeur;
Ses presents sont bien plus à craindre que sa haine,
Ah! quittez cette Epée, & recevez la mienne,
Elle a plus d'une fois servy vôtre valeur.

ULYSSE, n'ayant plus l'Epée enchantée.

Où suis-je? qu'ay-je fait? Dieux! quelle honte extrême!
        Ah! quel fatal aveuglement!
Que ne te dois-je point? tu me rends à moy-même;
        J'ouvre les yeux en ce moment,
Ne me reproche pas mon indigne foiblesse;
Je la sens, j'en rougis, je vais la reparer.
Mon devoir, mes états, ma gloire, tout m'en presse.
        Allons, sans differer;
Allons vanger Itaque, ou périssons ensemble;
        Cherchons un glorieux trépas;
Rejoin nos compagnons, que ton soin les rassemble;
        Va, je suivray bien-tôt tes pas.

SCENE SECONDE.
CIRCÉ, ULYSSE.

CIRCÉ.

Ulysse, ô Ciel ! vous me fuyez, Ulysse !
Quels regards lancez-vous sur moy ?
Que vois-je? se peut-il, grands Dieux! qu'il me trahisse?
Oubliez-vous, Circé, me manquez-vous de foy?

ULYSSE.

J'ay rompu les liens d'un charme trop funeste,
Pour vôtre indigne amour, je n'ay que de l'horreur ;
Je vous le rends, je le déteste,
Vous ne séduirez plus mon cœur ;
Craignez ma trop juste vangeance.

CIRCÉ.

Perfide, c'est à toy, de craindre mon courroux,
Mon amour outragé, doit armer ma puissance ;
Dépit, transport, fureur, je n'écoute que vous.

Démons, soûmis à mon art redoutable,
Accourez, détruisez ces lieux ;
Et n'offrez plus aux yeux,
Que de mes cruautez, une image effroyable.

Le Palais se renverse.

Voy, ces terribles châtiments ;
Voy, ces Mortels immolez à ma rage ;
Crain de pareils tourments ;
Crain pour toy, pour les tiens, je punis qui m'outrage.

SCENE TROISIEME.

ULYSSE.

NE croy pas m'étonner ; menace , vange-toy ;
    Que ta rage sur moy
    S'épuise toute entiere ;
Qui brave le trépas , méprise ta colere ;
Heureux d'être affranchy de ton injuste loy ;
    Heureux de pouvoir te déplaire !

SCENE QUATRIE'ME.

ULYSSE, EURILOQUE.

EURILOQUE.

Circé met le comble à nos maux ;
Tous nos Grecs , tant de fois , témoins de nos travaux ,
Ont éprouvé la fureur qui l'anime ;
Je venois vous joindre avec eux ;
Elle les a changez en des rochers affreux ;
A peine ay-je évité d'être aussi sa victime.

ULYSSE.

Euriloque , c'est moy , qui cause leur malheur ;
C'est moy , qui de Circé , viens d'armer la fureur.

Elle éclatte sur eux, & je suis seul coupable ;
Aprés tant de dangers, aprés tant de combats.
N'ay-je en ces lieux conduit leurs pas,
Que pour les exposer à ce sort déplorable ?
            O trop fatal amour !
            O trop infortuné retour !
Encor si de la mort devenant la victime,
Je pouvois effacer, & ma honte & mon crime ;
Mais, hélas ! dans le fonds du tenebreux sejour,
Déja le fier Ajax a triomphé d'Ulysse,
Et ses justes mépris redoublent mon supplice ;
Il n'importe, étouffons, dans la nuit du trépas,
Des jours infortunez, dont la gloire est ravie ;
Mourons, rendons aux Dieux une honteuse vie :
Inutiles regrets, n'arrêtez plus mon bras.

                    Euriloque voulant retenir le bras d'Ulysse,
                        est prévenu par Circé.

SCENE CINQUIE'ME.

CIRCE', EULYSSE, EURILOQUE,

CIRCE'.

ARrête, c'est Circé, qui s'oppose elle-même,
Au dessein qui te porte à te priver du jour ;
    Par cet effort extrême,
    Juge de mon amour.

ULYSSE.

Que vôtre pitié m'est funeste !
Ah ! rendez-moy ce fer, que vous m'avez ôté ;
Vangez-vous par ma mort, le secours qui me reste,
C'est de n'en point trouver dans cette extrêmité.

CIRCE'.

Mon dépit animoit, malgré-moy ma vangeance,
Quand je te menaçois, mon cœur se démentoit,
    Et l'ardeur qu'il sentoit,
Ne m'auroit pas permis de punir ton offence ;
Sois sensible aux transports, de ce cœur allarmé,
    Je ne t'ay jamais tant aimé :
Je rends tes chers Amis, à leur forme premiere ;
Revenez, Malheureux, & vous disparoissez,
    Affreux objets de ma colere.

SCENE

SCENE SIXIEME.

Le Théatre reprend sa premiere forme.

Circe', Ulysse, Euriloque, Compagnons d'Ulysse.

CIRCE'.

Ingrat, en est-ce assez?
  Parle ; que faut-il faire?
  Que veux-tu déformais?

ULYSSE.

Vous fuir, & ne vous voir jamais.

CIRCE'.

Me fuir, hélas! quoy, mes foûpirs, mes larmes,
  Rien ne fçauroit toucher ton cœur?
  S'il échappe à mes charmes,
Ne le refufe point, Cruel, à ma douleur.
Tu ne m'écoute pas, tu peux brifer ta chaîne.
  Ah! devois-tu m'aimer pour me trahir?
Faut-il que ton amour ait fait place à la haîne!
  Et que Circé ne puiffe te haïr?

                              Elle feint de fe retirer.

CHOEUR.

Servons-nous de nôtre courage,
Pour nous donner la liberté.
Malgré Circé, malgré fa rage,
Forçons ce féjour enchanté.

                              E

CIRCE'.

Vôtre audace icy me rappelle,
Croyez-vous m'échapper? sentez encor mes coups;
J'épargne Ulysse, & me vange sur vous;
Que vos yeux soient couverts d'une nuit éternelle.

SCENE SEPTIE'ME.

ULYSSE & ses Compagnons.

Quel transport furieux?
Quelle rage cruelle?

CHOEUR.

Quel transport furieux,
Nous perdons la clarté des Cieux.

ULYSSE.

Quelle peine mortelle?
Qui peut nous délivrer de ces funestes lieux?

CHOEUR.

Brillant Soleil, flambeau du monde,
Sans toy, tout languit icy bas
Ne reverrons-nous pas,
Ta lumiere feconde?
Faut-il gémir, hélas!
Dans une obscurité profonde?
Brillant Soleil, flambeau du monde
Sans toy, tout languit icy bas.

O Ciel ! ô juste Ciel ! dans ce peril extrême,
Soyez touché de nos douleurs ;
Faites sentir vôtre pouvoir suprême,
Terminez nos malheurs.

On entend un bruit éclatant ; la voûte du Salon s'ouvre.

Quel bruit ! Dieux ! quel éclat ! qui force la Nature !
Ce Palais entr'ouvert me découvre Mercure.

SCENE HUITIEME.

MERCURE, ULYSSE, Compagnons d'ULYSSE.

MERCURE à ULYSSE.

IL faut terminer tes travaux ;
De Circé, qui te suit, la fureur sera vaine ;
Viens dans Itaque, où Mercure te meine,
Ta main domtera tes Rivaux.

à ses Compagons.

Vous, qui suivez son sort, revoyez la lumiere ;
Je romps l'enchantement, qui vous étoit contraire ;
Allez, les Dieux sont touchez de vos maux.

SCENE NEUVIE'ME.

CIRCE', EUPHROSINE.

CIRCE'.

Ulysse échape à ma puissance !
Il se derobe à mon amour !
Que ma fureur s'arme encor en ce jour ;
Allons forcer sa resistance.
Helas ! tout combat mon espoir !
Junon pour Penelope, a montré son pouvoir ;
Mercure enleve Ulysse, à mon amour extréme.
Ah ! courons me vanger, sur un autre luy-même !
Telemaque revient, on l'ignore en ces lieux ;
Je veux l'immoler à ses yeux,
Malgré tout le pouvoir suprême,
Vents empressez, déchaînez-vous ;
Amenez Telemaque, & servez mon courroux.
Redoublez vos efforts, qu'ils égalent ma rage :
Faites mugir les Airs ;
C'est Circé qu'on outrage ;
Portez vos fureurs sur les mers.

Fin du quatriéme Acte.

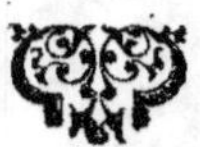

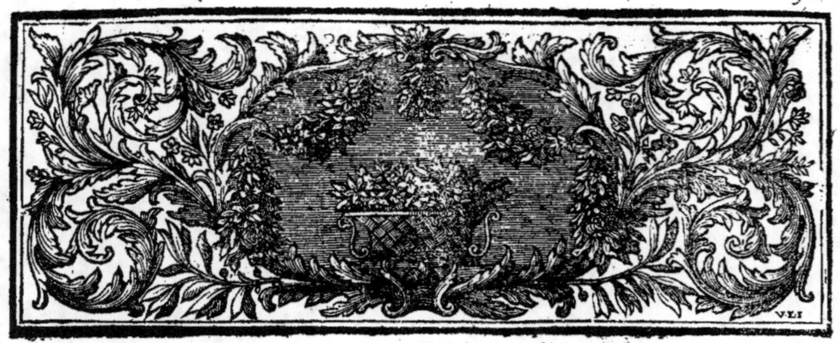

ACTE CINQUIE'ME.

Le Théatre represente la principale Ville d'Itaque.

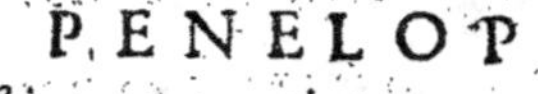

SCENE PREMIERE.

PENELOPE.

*D*Estin, trop rigoureux!
    O Ciel inexorable!
N'accordez-vous enfin, mon Epoux à mes vœux,
Que pour rendre mon sort encor plus deplorable?
    O Ciel inexorable!
    Destin, trop rigoureux!

    Tout se prepare icy, pour un combat affreux;
De nos fiers ennemis la troupe se rassemble;
Ils joignent leurs efforts: ah! je fremis, je tremble.
    Faut-il, quand tout semble appaisé,
A de nouveaux dangers, voir Ulysse exposé?
              On entend un bruit de guerre.

On est aux mains, Ciel! que viens-je d'entendre?
    Dieux, venez nous défendre.

CHOEURS.

Derriere le Théatre.

Cedez, rendez-vous,
Les Dieux font pour nous.

CHOEUR du party contraire.

Le fang, le carnage,
L'horreur & la rage
Animent nos coups.

CHOEUR du party d'ULYSSE.

Les Dieux font pour nous,
Cedez, rendez-vous.

PENELOPE.

Grands Dieux, faites ceffer le trouble affreux des armes;
Je n'entends par tout que des cris,
Je fens, pour un Epoux, de mortelles allarmes.
Vangez-nous; vous l'avez promis.
Je vous offre mes jours, confervez ce que j'aime,
Contentez-vous de mon trepas;
S'il faut du fang, dans ce peril extrême,
Le mien ne vous fuffit-il pas ?

CHOEUR.

C'eft trop de refiftance,
Rendez-vous aux vainqueurs.

PENELOPE.

Helas! le combat recommence.

CHOEUR, du party contraire.
Suivons nôtre vangeance,
Redoublons nos fureurs.

PENELOPE.

Ciel! arrêtez leur violence.

Premier CHOEUR.
Rendez-vous aux vainqueurs.

Second CHOEUR.
Redoublons nos fureurs.

PENELOPE.

Ciel! arrêtez leur violence.
Laissez-vous toucher par mes pleurs.

Premier CHOEUR.
C'est trop de resistance,
Fuyez, perfides cœurs.

SCENE DEUXIEME.

ULYSSE, Compagnons d'ULYSSE, CEPHALIE, PENELOPE.

CEPHALIE.

LA victoire est à nous ; reprenez l'esperance,
Nous allons voir la fin de nos malheurs.

PENLOPE.

C'est vous, mon cher Ulysse, & le Ciel vous ramene ;
Je vous revois victorieux,
Nous devons la victoire aux Dieux.
Ils ont vangé vôtre gloire & la mienne,
Je sens un feu nouveau, qui revient m'animer,
Ma bouche ny mes yeux, ne peuvent l'exprimer.

ULYSSE.

Aprés une absence cruelle,
Joüissons d'un destin heureux ;
Vous ne fûtes jamais si belle,
Ny moy jamais plus amoureux.

PENELOPE.

Ah ! quel plaisir succéde à ma peine mortelle !
Le Ciel contenteroit la nature & l'amour,
S'il nous rendoit Telemaque en ce jour.

SCENE

SCENE TROISIE'ME.

EURILOQUE, & les Personnages de la Scene precédente.

EURILOQUE.

Vous verez, vos souhaits comblez par sa presence ;
On découvre au Port des Vaisseaux,
Et le signal, qui paroît sur les eaux,
De son retour fait l'assûrance ;
Il est temps d'oublier nos maux.

ULYSSE.

Tout répond à nos vœux : Qu'une fête nouvelle
Chasse le souvenir de nos malheurs passez,
Chacun doit signaler son zele,
Il ne peut éclatter assez.

SCENE QUATRIE'ME.

Une Troupe de jeunes Grecs, qui tiennent des Couronnes de Mirthe:
Troupe d'Esclaves, chargées de dépoüilles des ennemis, en
élevent un Trophée aux pieds d'ULYSSE & de PENELOPE.

ULYSSE & PENELOPE.

Que la paix regne sur la terre :
Preferons en ce jour
Les douceurs de l'amour
Aux fureurs de la guerre,
Nos ennemis sont dans nos fers,
Et nous sommes vangez aux yeux de l'Univers.

Le Chœur répete.

F

ULYSSE & PENELOPE,

ULYSSE.

Essuyez vos larmes,
Vivons sans allarmes,
Nos pleurs, nos soûpirs,
Font place aux plaisirs.

PENELOPE.

Que le plaisir est extrême,
De revoir ce que l'on aime,
Tout rit, tout comble nos vœux,
Les Dieux nous offrent des jours heureux,
Ranimons nôtre tendreße,
L'Amour regne dans ces lieux.
D'Ulyße, sans ceße,
Vantez les exploits glorieux ;
Qu'à chanter son nom, tout s'empreße,
Qu'il vole jusqu'aux cieux.

Le Théatre s'obscurcit ; On entend un bruit soûterrain ; on voit avancer du fonds, un nuage épais, d'où partent des éclairs.

CHOEUR.

Quel bruit se fait entendre ?
Ah ! quelle nuit vient nous surprendre !
La terre tremble sous nos pas,
Tout nous menace du trépas.

SCENE CINQUIE'ME.

Le nuage s'ouvre, & laisse voir TELEMAQUE enchaîné, entre EUPHROSINE & CIRCE', qui tient un Poignard.

CIRCE', TELEMAQUE, EUPHROSINE, & les Personnages de la Scene precédente.

ULYSSE.

O Ciel ! c'est Circé qui s'avance.

PENELOPE.

Telemaque, en ses mains, ô mortelle frayeur ?

ULYSSE.

O funeste vangeance !
Grands Dieux ! détournez ce malheur.

CIRCE'.

En partant de ces lieux, j'ay choisi ma victime ;
Approchez, trop heureux Epoux ;
Que son sang répandu rejallisse sur vous.
Pour vous punir tous trois, ce n'est pas trop d'un crime.

ULYSSE, PENELOPE.

Ah ! mon fils, ah ! Circé, portez sur moy vos coups.

TELEMAQUE.

C'est mon sang que tu dois répandre,
Frappe, sans plus attendre,
Barbare, assouvy ton courroux.

CIRCE'.

C'en est fait, ma rage est trop lente,
Meurs, vange moy par ton trépas.
On entend un bruit éclatant, l'obscurité se dissipe.
Mais qui retient mon bras ?
Qui rend ma vangeance impuissante ?

SCENE SIXIEME.

PALLAS, & les Personnages de la Scene precedente.

PALLAS.

CRains, à ton tour, & reconnois Pallas :
    J'ay trop souffert ta fureur inhumaine ;
Heureux Epoux, voyez, la fin de vôtre peine,
Et n'ayez plus que des jours pleins d'appas.

SCENE SEPTIEME,

ET DERNIERE.

CIRCE'.

JE vous céde, grands Dieux, & je vous rends les
    armes,
        C'est trop vous irriter,
        L'Enfer & tous mes charmes,
        Ne sçauroient vous resister.
L'Amour m'a fait sentir, son injuste puissance ;
        Il n'a jamais flatté mon cœur,
        Que pour tromper mon esperance,
        Et faire éclatter ma fureur.
Il faut de mes transports, calmer la violence ;
        Circé doit se vaincre en ce jour,
        J'ouvre mon cœur à l'innocence,
Et pour jamais je le ferme à l'amour.

Fin du Cinquiéme & dernier Acte.

www.ingramcontent.com/pod-product-compliance
Lightning Source LLC
LaVergne TN
LVHW021810170726
843503LV00007B/3136